KB213023

金剛般若波羅蜜經
금강반야바라밀경

金剛般若波羅蜜經
금강반야바라밀경

독송

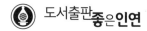

도서출판 좋은인연

목 차

뜻풀이 금강경 독송

원한역 : 요진 삼장법사 구마라집
原漢譯 : 姚秦 三藏法師 鳩摩羅什

한역편저 : 무일 우학
漢譯編著 : 無一 又學

개 경 게
開 經 偈

무상심심미묘법
無上甚深微妙法

백천만겁난조우
百千萬劫難遭遇

아금문견득수지
我今聞見得受持

원해여래진실의
願解如來眞實意

개법장 진언
開法藏 眞言

옴 아라남 아라다 (세 번)

아난인 제가 다음과 같이 들었습니다. 어느 때에 석가모니 부처님께서 사위국의 기수급고독원에 계실 적에 큰 비구 스님들 천이백오십 분도 함께 계셨습니다.

여느 때와 같이 부처님께서는 공양 드실 때가 되어감에 따라 가사를 수하시고 바루를 챙기시어 사위성으로 들어가셨습니다. 그 성안에서 차례로 탁발하시고는 다시 본 처소로 돌아오셨습니다. 공양을 다 드신 후, 바루를 거두시고 가사를 벗으시었습니다. 그리고는 발을 씻으시고, 자리를 펴 앉으셨습니다.

이때 장로인 수보리가 대중 가운데 있다가 자리에서 일어나, 바른편 어깨 쪽 가사를 벗고 바른편 무릎을 땅에 끊으며, 합장하고 공경스럽게 부처님께 말씀드렸습니다.

"참으로 경이롭습니다, 세존이시여. 여래께서는 보살들을 잘 생각하여 보호해 주시며, 보살들에게 잘 부탁하여 맡기십니다.

세존이시여, 선남자 선여인 즉 착한 보살들이 있어, '아뇩다라삼먁삼보리심'이라는 '부처님 세계에 들려는 마음'을 내었다면, 이들은 어떻게 생활하여야 하며,

어떻게 마음을 다스려야 하겠습니까?"

부처님께서 말씀하셨습니다.

"오, 그래 그래 착하구나. 수보리야, 너의 말과 같이 여래께서는 보살들을 잘 생각하여 보호해 주시며, 보살들에게 잘 부탁하여 맡기신단다. 자세히 들으라. 너의 묻는 말에 답해 주리라.

선남자 선여인 즉 착한 보살들이 있어, '아뇩다라삼먁삼보리심'이라는 '부처님 세계에 들려는 마음'을 내었다면, 다음과 같이 생활하며 다음과 같이 마음을 다스려야 하느니라."

"예 알겠습니다, 세존이시여. 기꺼이 듣고자 하옵니다."

부처님께서 수보리에게 이르시었습니다.

"대보살들은 반드시 다음과 같이 마음을 다스려야 하느니라.

'이 세상의 온갖 생명체들, 이를테면 알에서 태어났거나, 태에서 태어났거나, 습기에서 태어났거나, 갑자기 변화하여 태어났거나, 하늘나라의 색계·무색계에 태어났거나, 무색계 하늘 중 유상천·무상천·비유상비무상천에 태어났거나, 모두 내가 저 영원한 부처님 세계에 들도록 인도하리라'라고 서원 세우라.

이와 같이 헤아릴 수 없는 생명체들을

부처님 세계로 인도하지만, 실지로는 인도를 받은 중생이 없느니라. 왜냐하면 수보리야, 만약에 보살이 자기가 제일이라는 모습, 즉 아상이 있다거나, 나와 남을 나누어서 보는 모습, 즉 인상이 있다거나, 재미있고 호감 가는 것만 본능적으로 취하는 모습, 즉 중생상이 있다거나, 영원한 수명을 누려야지 하는 모습, 즉 수자상이 있다면, 이는 보살이 아니기 때문이니라.

妙行無住分 第四

또한 수보리야, 보살은 반드시 대상에 매이지 말고 보시를 해야 하느니라. 이른바 형색·소리·냄새·맛·닿임·생각의 대상을 떠나서 보시할지니라.

  수보리야, 보살은 반드시 이와 같이 보시하면서, '내가 보시를 한다'라는 생각도 내지 말아야 하느니라. 왜냐하면 만약에 보살이 '내가 보시를 한다'라는 생각 없이 보시를 하면, 그 복덕이 헤아릴 수 없이 크기 때문이니라.

  수보리야, 어떻게 생각하느냐? 동쪽 허공의 크기를 생각으로 헤아릴 수 있겠느냐?"

  "헤아릴 수 없습니다, 세존이시여."

  "수보리야, 남·서·북·남서·남동·북서·북동·상·하, 각각에 이르는 허공의 크기를 생각으로 헤아릴 수 있겠느냐?"

"헤아릴 수 없습니다, 세존이시여."

"수보리야, 보살이 '내가 한다'라는 생각 없이 보시한 복덕도 이처럼 엄청나서, 생각으로 헤아릴 수 없느니라. 수보리야, 보살은 반드시 이와 같이 가르쳐 준 대로만 마음을 내고, 생활할지니라.

如理實見分 第五

수보리야, 어떻게 생각하느냐? 몸의 형색으로 '참 부처님'을 볼 수 있다고 생각하느냐?"

"볼 수 없습니다, 세존이시여. 몸의 형색으로는 '참 부처님'을 볼 수 없습니다. 왜냐하면 부처님께서 말씀하신 '몸의 형색'은 곧 몸의 형색이 아니기 때문입니다."

부처님께서 수보리에게 이르시었습니다.

"존재하고 있는 모든 정신적, 물질적인 것은 실체가 없고 끊임없이 변하는 것이니, 만일 이와 같은 줄을 알면 '참 부처님'을 보리라."

正信希有分 第六

수보리가 부처님께 사뢰었습니다.

"세존이시여, 중생들이 이와 같이 설하신 말씀의 구절들을 귀담아듣고, 실지로 믿음을 내겠습니까?"

부처님께서 수보리에게 이르시었습

니다.

　"그런 말 하지 말아라. 내가 육신의 몸을 버리고 진리의 세계로 든 뒤 이천오백 년 후에라도, 계를 지니고 복을 닦는 자가 있으면, 이 구절 말씀에 능히 믿는 마음을 내어 이를 진실한 것으로 여기리라. 마땅히 알아라. 이 사람은 한 부처님이나 두 부처님이나 셋, 넷, 다섯 부처님께만 선근을 심은 것이 아니라, 한량없는 천만 억 부처님께 여러 선근을 심은 바, 이 구절 말씀을 듣거나 내지는 한 생각만으로도 깨끗한 믿음을 내느니라.

　수보리야, 여래께서는 이러한 중생들이 이와 같은 한량없는 복덕을 얻는다는 것을 다 아시고, 다 보시느니라. 왜냐하면 이 중생들은 다시는 자기가 제일이라는 모습, 즉 아상이 없으며, 나와 남을 나누어 보는 모습, 즉 인상이 없으며, 재미있고 호감 가는 것만을 본능적으로 취하는 모습, 즉 중생상이 없으며, 영원한 수명을 누려야지 하는 모습, 즉 수자상이 없고, 객관의 대상, 즉 법상도 없으며, 객관의 대상이 아닌 모습, 즉 비법상도 없느니라. 왜냐하면 만약 중생들이 마음에 상을 취하면, 곧 아상·인상·중생상·수자상을 가지는 것이 되기 때문이니라.

만약에 법상을 취하더라도, 곧 아상·인상·중생상·수자상을 가지는 것이 되느니라. 왜냐하면 만약 비법상을 취하기만 해도, 이는 곧 아상·인상·중생상·수자상을 가지는 것이 되기 때문이니라. 그러한 까닭으로 마땅히 객관의 대상, 즉 법상을 취하지 말아야 하며, 객관의 대상이 아닌 모습, 즉 비법상도 취하지 말아야 하느니라.

이와 같은 이유로 내가 너희들 비구에게 항상 설하되, '나의 설법을 뗏목에 비유했다는 것을 알아라'라고 하였느니라. 법도 버려야 하는데, 하물며 비법에 매여서 되겠느냐!

無得無說分 第七

수보리야, 어떻게 생각하느냐? 여래

께서 아뇩다라삼먁삼보리, 즉 부처님 세계를 얻었다고 생각하느냐? 여래께서 설하신 법이 있다고 생각하느냐?"

수보리가 대답하였습니다.

"제가 부처님께서 설하신 말씀의 뜻을 이해하기로는, 아뇩다라삼먁삼보리 즉 '부처님 세계'라고 이름할 만한 일정한 법이 없으며, '여래께서 설하셨다'라고 할 만한 일정한 법도 또한 없습니다. 왜냐하면 여래께서 설하신 법은 다 취할 수도 없고, 다 말할 수도 없으며, 법도 아니고 법 아님도 아니기 때문입니다. 어떤 연유인고 하면, 그것은 모든 현인이나 성인들이 다 '근본 자리에서 쓰는 무위법' 가운데 여러 가지 차별이 있는 까닭입니다."

依法出生分 第八

"수보리야, 어떻게 생각하느냐? 만약 어떤 사람이 삼천대천세계에 일곱 가지 종류의 보물 즉, 칠보를 가득히 쌓아서 보시한다면, 이 사람의 지은 바 복덕이 많지 않겠느냐?"

수보리가 대답하였습니다.

"대단히 많겠습니다, 세존이시여. 왜냐하면 이 복덕은 참다운 복덕의 성질이 아닌 까닭에 여래께서 '복덕이 많다' 라고 하셨기 때문입니다."

"만약에 또 어떤 사람이 있어, 이 경 가운데서 받아 지니거나, 혹은 네 구절의 게송 등을 다른 사람에게 설하여 주면, 그 복덕은 저 일곱 가지 보물로 보시한 복덕보다 더 수승하리라. 왜냐하면 일체의 모든 부처님과 모든 부처님의 아뇩다라삼먁삼보리법이 모두 이 경에서 나왔기 때문이니라. 수보리야, 이른바 '부처님 법'이라는 것은 곧 부처님 법이 아니니라.

一相無相分 第九

수보리야, 어떻게 생각하느냐? 수다원이 능히 '내가 수다원과를 얻었다'라는 생각을 짓겠느냐?"

수보리가 대답하였습니다.

"그러한 생각을 짓지 않습니다, 세존이시여. 왜냐하면 수다원은 '성인의 류에

든다'라는 말이오나, 실지로는 들어간 바가 없기 때문입니다. 형색·소리·냄새·맛·닿임·생각의 대상에 물들지 아니한 까닭에, 그 이름을 '수다원'이라 할 뿐입니다."

"수보리야, 어떻게 생각하느냐? 사다함이 능히 '내가 사다함과를 얻었다'라는 생각을 짓겠느냐?"

수보리가 대답하였습니다.

"그러한 생각을 짓지 않습니다, 세존이시여. 왜냐하면 사다함은 '한번 갔다 온다'라는 말이오나, 실지로는 가고 옴이 없는 까닭에, 그 이름을 '사다함'이라 할 뿐이기 때문입니다."

"수보리야, 어떻게 생각하느냐? 아나함이 능히 '내가 아나함과를 얻었다'라는 생각을 짓겠느냐?"

수보리가 대답하였습니다.

"그러한 생각을 짓지 않습니다, 세존이시여. 왜냐하면 아나함은 '갔다 오지 않는다'라는 말이오나, 실지로는 오지 않음이 없는 까닭에, 그 이름을 '아나함'이라 할 뿐이기 때문입니다."

"수보리야, 어떻게 생각하느냐? 아라한이 능히 '내가 아라한과를 얻었다'라는 생각을 짓겠느냐?"

수보리가 대답하였습니다.

"그러한 생각을 짓지 않습니다, 세존이

시여. 왜냐하면 실지로는 법이 있지 않은 까닭에, 그 이름을 '아라한'이라 할 뿐이기 때문입니다. 세존이시여, 만약 아라한이 이와 같이 생각을 짓되, '내가 아라한과를 얻었다'라고 한다면, 이는 곧 아상·인상·중생상·수자상에 걸리는 것이 됩니다.

세존이시여, 부처님께서 설하시되, 제가 '번뇌와의 다툼을 여읜 삼매'를 얻은 사람 가운데에서 가장 제일이라고 하셨습니다. 이는 '욕심을 떠난 아라한 가운데 제일'이라는 말씀입니다. 하오나 세존이시여, 저는 '내가 욕심을 떠난 아라한이다'라는 생각을 짓지 않습니다.

세존이시여, 제가 만약에 '아라한도를 얻었다'라는 생각을 지었다면, 세존께서 '수보리는 아란나행을 좋아하는 자'라고 말씀하지 않으셨을 것입니다. 실은 제가 그러지 않았으므로, '수보리는 아란나행을 좋아한다'라고 하셨습니다."

莊嚴淨土分 第十

부처님께서 수보리에게 이르시었습니다.

"수보리야, 어떻게 생각하느냐? 여래가 옛적에 연등 부처님 처소에서 법을 얻은 바가 있다고 생각하느냐?"

"아닙니다, 세존이시여. 여래께서 연등 부처님 처소에 계실 적에, 실지로 법을 얻으신 바가 없습니다."

"수보리야, 어떻게 생각하느냐? 보살이 '불국토를 장엄한다'라는 생각을 하겠느냐?"

"아닙니다, 세존이시여. 왜냐하면 '불국토를 장엄한다'라는 것은 곧 장엄이 아니라, 그 이름이 '장엄'이기 때문입니다."

"그러한 까닭으로 수보리야, 모든 대보살들은 반드시 다음과 같이 청정한 마음을 내어야 하느니라. 즉, 형색에 머물러서 마음을 내지 말고, 소리·냄새·맛·닿임·생각의 대상에 머물러서 마음을 내지도 말아야 하나니, 마땅히 아무 데도 집착하는 바 없이 그 마음을 낼지니라.

수보리야, 비유컨대 어떤 사람이 있어 그 사람의 몸이 '수미산왕만 하다'라고 한다면, 어떻게 생각하느냐? 그 몸이 '크다'라고 하겠느냐?"

수보리가 대답하였습니다.

"'대단히 크다'라고 하겠습니다, 세존이시여. 왜냐하면 부처님께서는 '참다운 진리적 몸이 아닌 몸'을 말씀하시므로, 이를 '큰 몸'이라 이름하신 것이기 때문입니다."

無爲福勝分 第十一

"수보리야, 갠지스강에 있는 모래의 숫자만큼 수많은 갠지스강들이 있다면, 어떻게 생각하느냐? 이 모든 갠지스강들에 있어서 그 모래들의 숫자가 많지 않겠느냐?"

수보리가 대답하였습니다.

"대단히 많겠습니다, 세존이시여. 그 강들의 숫자만 하더라도 무수히 많을 텐데, 그 모든 강들에 있는 모래의 수이겠습니까?"

"수보리야, 내가 지금 진실로 말하노니, 만약에 어떤 선남자 선여인 즉 착한 보살이 있어서, 일곱 가지 종류의 보물 즉, 칠보를 그 무수한 강들의 모래 수만큼 많은 삼천대천세계에 가득히 채워서 보시한다면, 그 복덕이 많지 않겠느냐?"

수보리가 대답하였습니다.

"대단히 많겠습니다, 세존이시여."

부처님께서 수보리에게 이르시었습니다.

"만약 어떤 선남자 선여인이 이 경의 전체 가운데서나 내지는 받아 지닌 네 구절의 게송 등을 다른 사람을 위해 설하여 주면, 이 복덕은 앞에서의 칠보를 보시한 복덕보다 훨씬 더 수승하리라."

尊重正教分 第十二

또한 수보리야, 어디서나 이 경 전체 내지는 네 구절의 게송 등을 설한다면, 마땅히 알아라. 이곳은 온 세계의 하늘사람·인간·아수라들이 모두 응당 공양하기를 부처님의 탑에 공양하듯 할 것이어

늘, 하물며 어떤 사람이 끝까지 경을 받아
지니며, 읽고 외우는 것에 있어서랴? 수
보리야, 마땅히 알아라. 이 사람은 가장
높고 제일 가는 거룩한 법을 성취할 것이
니, 만약 이 경전이 있는 곳은 곧 부처님
과 훌륭한 제자가 계신 곳이 되느니라."

如法受持分 第十三

그때 수보리가 부처님께 사뢰었습
니다.

"세존이시여, 이 경의 이름을 마땅히
무엇이라 하며, 우리들이 어떻게 받들어
지녀야 하겠습니까?"

부처님께서 수보리에게 이르시었습
니다.

"이 경의 이름은 '금강반야바라밀경'이니, 반드시 이 이름의 글자 그대로 받들어 지닐지니라. 어떤 연유인고 하면 수보리야, 부처님께서 설하신 '반야바라밀'은 반야바라밀이 아니라 그 이름이 '반야바라밀'인 까닭이니라.

수보리야, 어떻게 생각하느냐? 여래께서 설하신 바 법이 있겠느냐?"

수보리가 부처님께 사뢰었습니다.

"세존이시여, 여래께서 설하신 바 법이 없습니다."

"수보리야, 어떻게 생각하느냐? 삼천대천세계에 있는 바 티끌을 많다고 하겠느냐?"

수보리가 대답하였습니다.

"대단히 많겠습니다, 세존이시여."

"수보리야, 모든 '티끌'은 여래께서 설하시되, 티끌이 아니라 그 이름이 '티끌'이라 하시었느니라. 여래께서 설하시되, '세계'도 세계가 아니라 그 이름이 '세계'라 하셨느니라.

수보리야, 어떻게 생각하느냐? 32상의 형상으로써 '참 부처님'을 볼 수 있겠느냐?"

"볼 수 없습니다, 세존이시여. 32상의 형상으로는 '참 부처님'을 볼 수 없습니다. 왜냐하면 여래께서 설하시되, '32상의 형상은 상이 아니라 그 이름이 32상이다'라고 하셨기 때문입니다."

"수보리야, 만약에 어떤 선남자 선여인 즉 착한 보살이 있어, 저 갠지스강 모래의 숫자만큼이나 많은 몸과 목숨으로써 보시를 하여도, 만일 또 어떤 사람이 있어서, 이 경 전체 가운데서나 내지는 받아 지닌 네 구절의 게송 등을 다른 사람을 위해 설하여 주면, 그 복이 훨씬 더 많으리라."

離相寂滅分 第十四

그때 수보리가 금강경 설하시는 것을 듣고, 깊이 그 뜻을 이해하고 감격하여 흐느껴 울면서 부처님께 사뢰었습니다.

"참으로 경이롭습니다, 세존이시여.

부처님께서 이렇게 뜻이 깊고 깊은 경전을 설하시는 것은 제가 지금까지 얻은 바 지혜의 눈으로써는 일찍이 이와 같은 경을 들어 보지 못하였습니다.

세존이시여, 만약에 또 어떤 사람이 있어 이 경의 말씀을 귀담아듣고, 믿는 마음이 청정하면, 우주 인생의 참다운 모습 즉, 실상(實相)을 깨닫게 될 것이니, 마땅히 이 사람은 이 세상에서 가장 경이로운 공덕을 성취하게 될 것임을 알겠습니다. 세존이시여, 이 '실상'이라는 것은 곧 상이 아닙니다. 그러한 까닭으로 여래께서 설하시되, 그 이름이 '실상'이라고 하셨습니다.

세존이시여, 제가 지금에 이 경의 말씀을 귀담아듣고, 믿고 이해하여 받아 지니는 것은 어렵지 않습니다. 하지만 만약 장차 다가올 이천오백 년 후의 세상에서 그 어떤 중생이 있어, 이 경을 귀담아듣고서 믿고 이해하여 받아 지닌다면, 이 사람의 행위는 이 세상에서 가장 경이로운 일이 되겠습니다.

왜냐하면 이 사람은 아상·인상·중생상·수자상이 없기 때문입니다. 어떤 연유인고 하면, 아상은 곧 상이 아니요, 인상·중생상·수자상도 곧 상이 아닌 까닭입니다. 왜냐하면 일체의 모든 상에서 벗어나야, 곧 '부처님 경지'라고 이름하기 때문입니다."

부처님께서 수보리에게 이르시었습니다.

"그러하니라, 그러하니라. 만약에 또 어떤 사람이 있어, 이 경을 귀담아듣고서 놀라지도 않고, 겁내지도 않으며, 두려워하지도 않는다면, 이 사람은 참으로 경이로운 사람임을 알아야 하느니라. 왜냐하면 수보리야, 여래께서 설하신 '제일바라밀'은 제일바라밀이 아니라 그 이름이 '제일바라밀'이기 때문이니라.

수보리야, '인욕바라밀'도 여래께서 설하시되, 인욕바라밀이 아니라 그 이름이 '인욕바라밀'이라고 하셨느니라. 왜냐하면 수보리야, 내가 옛날 가리왕에게 몸을 베이고 잘리고 할 그때에도 나에게는 아상이 없었으며, 인상도 없었고, 중생상도 없었고, 수자상도 없었기 때문이니라. 왜냐하면 내가 지난 그때에 마디마디와 사지가 찢길 때, 만약 아상이나 인상·중생상·수자상이 있었더라면, 응당 성내고 원망하는 마음을 내었을 것이기 때문이니라. 수보리야, 또 저 옛날 오백세에 욕됨을 참는 신선이었던 때를 생각하니, 그 세상에서도 아상·인상·중생상·수자상이 없었느니라.

그러한 까닭으로 수보리야, 보살은 마땅히 일체의 상을 떠나서 '아뇩다라삼먁삼보리 즉, 부처님 세계에 들겠다'라는 마음을 내어야 하느니라. 마땅히 형색에 머물러 마음을 내지 말며, 소리·냄새·맛·닿임·생각의 대상에 머물러 마음을 내지 말지니라. 마땅히 머무름이 없는 마음을 내어야 하느니라. 만약에 마음에 머무름이 있다면 곧 머무름이 아니니라. 그러한 까닭으로 부처님께서 설하시되, '보살은 마음을 형색에 머물러서 보시를 하지 않는다'라고 하셨느니라.

수보리야, 보살은 일체중생을 이익되게 하기 위하여 마땅히 이와 같이 보시를 해야 하느니라. 여래께서 설하시되, '일체의 모든 상은 곧 상이 아니다'라고 하셨으며, 또 말씀하시기를 '일체중생은 곧 중생이 아니다'라고 하셨느니라.

수보리야, 여래는 '참된 말'을 하시는 분이며, '실다운 말'을 하시는 분이며, '있는 그대로의 말'을 하시는 분이며, '속이지 않는 말'을 하시는 분이며, '다르지 않은 말'을 하시는 분이니라. 수보리야, 여래께서 얻으신 이 법은 실다움도 없고, 헛됨도 없느니라.

수보리야, 만약 보살이 마음을 법에 머물러 보시를 하면, 사람이 어둠 속으로 들어가서 그 무엇도 볼 수가 없는 것과 같으니라. 만약 보살이 마음을 법에 머무르지 않고 보시를 하면, 사람에게 눈이 있고 빛

이 있어 여러 가지 모양을 보는 것과 같으니라.

수보리야, 장차 다가올 그 세상에 만일 선남자 선여인 즉 착한 보살이 있어서, 능히 이 경을 받아 지니며 읽고 외우면, 곧 여래께서 부처님 지혜로써 이 사람들을 다 아시고, 이 사람들을 다 보셔서, 모두가 한량없고 끝이 없는 공덕을 성취케 하시느니라.

持經功德分 第十五

수보리야, 만약에 선남자 선여인 즉 착한 보살들이 있어서, 아침에 갠지스강 모래의 숫자만큼 몸을 바쳐 보시하고, 낮에도 갠지스강 모래의 숫자만큼 몸을 바쳐 보시하고, 저녁에도 또한 갠지스강의 모래 수만큼의 숫자로 몸을 바쳐 보시를 하는데, 이렇게 하여 한량없는 백천만 억겁의 세월 동안 몸으로 보시하더라도, 만약 또 어떤 사람이 있어서, 이 금강경 법문을 듣고, 믿는 마음으로 거역하지만 않는다면, 그 복덕이 몸을 바쳐 보시하는 것보다 훨씬 수승하거늘, 하물며 경전 내용을 사경 하고, 받아 지녀 읽고 외우며, 다른 사람을 위해 설명해 주는 것들에 있어서랴?

수보리야, 중요한 것을 말하건대 이 경에는 생각할 수도 없고, 그 양을 말로 할 수도 없는, 끝이 없는 공덕이 있느니라.

여래께서는 대승의 마음을 낸 이를 위하여 이 경을 설하셨으며, 가장 높은 마음을 낸 이를 위하여 이 경을 설하셨느니라.

만약에 어떤 사람이 있어, 이 경전을 받아 지녀 읽고 외우며, 여러 사람들에게 말하여 주면, 여래께서 이 사람들을 다 아시고, 이 사람들을 다 보셔서, 모두가 한량없고 일컬을 수도 없으며 끝도 없는, 가히 생각할 수 없는 공덕을 성취케 하시느니라. 이와 같은 사람들은 곧 여래의 아뇩다라삼먁삼보리 즉, 부처님 세계 건설을 책임질 것이니라.

왜냐하면 수보리야, 소승법을 즐기는 자는 아상·인상·중생상·수자상의 소견에 집착하므로, 이 경을 알아들을 수도 없고, 받아 지녀 읽고 외울 수도 없으며, 다른 사람을 위해 설명하여 줄 수도 없기 때문이니라.

수보리야, 어디든지 이 경이 있으면 온 세계의 하늘사람 · 인간 · 아수라들이 응당 공양을 올리리니, 마땅히 알아라. 이곳은 부처님의 탑과 같으므로, 모두가 응당 공경스럽게 예를 올리며, 주위를 돌면서 온갖 꽃과 향을 그곳에 뿌리리라."

能淨業障分 第十六

"또한 수보리야, 선남자 선여인이 이 금강경을 받아 지니며 읽고 외우는데도 만약 남에게 업신여김을 당한다면, 이 사람은 전생에 지은 죄업으로 마땅히 악도에 떨어져야 하지만, 금생의 사람들이 업신여김으로써 전생의 죄업이 모두 소멸되고 마땅히 아뇩다라삼먁삼보리를 얻을 것이니라.

수보리야, 내가 과거 한량없는 아승지 겁을 생각해 보니, 연등 부처님을 뵙기 전에 팔백 사천만 억 나유타의 여러 부처님을 만나 모두 다 공양 올리고 받들어 섬겼으며, 헛되이 지냄이 없었느니라.

만약에 또 어떤 사람이 있어, 이 다음 말법 세상에서 능히 이 경을 받아 지니며 읽고 외우면, 그 얻는 공덕은 내가 여러 부처님께 공양한 공덕으로는 백분의 일,

백천만 억분의 일에도 미치지 못할 뿐만 아니라, 헤아림이나 비유로는 능히 미치지 못하느니라.

수보리야, 만약 선남자 선여인이 이 다음 말법 세상에서 이 경을 받아 지니며 읽고 외워서 얻는 공덕을 내가 다 갖추어 말한다면, 혹 어떤 사람은 마음이 몹시 산란하여 의심하고 믿지 아니하리라.

수보리야, 마땅히 알아라. 이 경은 뜻도 가히 생각할 수 없고, 과보도 또한 가히 생각할 수 없느니라."

究竟無我分 第十七

그때 수보리가 부처님께 사뢰었습니다.

"세존이시여, 선남자 선여인이 아뇩다라삼먁삼보리심을 내고는 어떻게 머물러야 하며, 어떻게 그 마음을 항복 받아야겠습니까?"

부처님께서 수보리에게 이르시었습니다.

"만약에 선남자 선여인이 아뇩다라삼먁삼보리심을 내었거든, 마땅히 이러한 마음 즉, '내가 응당 일체중생을 멸도하리라'라는 마음을 낼지니라.

'일체중생을 멸도한다'라고는 하지만 실지로는 한 중생도 멸도될 이가 없느니라. 왜냐하면 수보리야, 만약에 보살이 아상·인상·중생상·수자상이 있으면

보살이 아니기 때문이니라. 어떤 연유인고 하면 수보리야, 실지로 법이 있어서 아녹다라삼먁삼보리심을 발한 것이 아닌 까닭이니라.

수보리야, 어떻게 생각하느냐? 여래께서 연등불 처소에서 법이 있어 아녹다라삼먁삼보리를 얻으셨느냐?"

"아닙니다, 세존이시여. 제가 부처님께서 설하신 말씀의 뜻을 이해하기로는, 부처님께서는 연등불 처소에서 법이 있어 아녹다라삼먁삼보리를 얻으신 것이 아닙니다."

부처님께서 말씀하셨습니다.

"그러하니라, 그러하니라. 수보리야,

실지로 법이 있어서 여래께서 아뇩다라삼먁삼보리를 얻으신 것이 아니니라. 수보리야, 만일 '법이 있어서 여래께서 아뇩다라삼먁삼보리를 얻으셨다'라고 한다면, 연등 부처님께서 곧 나에게 수기를 주시면서, '너는 내세에 마땅히 부처를 이루리니, 호를 석가모니라 하리라'라고 하시지 않았으려니와, 실지로 법이 있어서 아뇩다라삼먁삼보리를 얻은 것이 아니니라. 그러한 까닭으로 연등 부처님께서 나에게 수기를 주시면서 말씀하시되, '너는 내세에 마땅히 부처를 이루리니, 호를 석가모니라 하리라'라고 하셨느니라.

왜냐하면 '여래'라 함은, 곧 '모든 법에 여여하다'라는 뜻이기 때문이니라. 만약에 어떤 사람이 있어, '여래께서 아뇩다라삼먁삼보리를 얻으셨다'라고 말하더라도, 수보리야 실지로 법이 있어 부처님께서 아뇩다라삼먁삼보리를 얻으신 것이 아니니라.

수보리야, 여래께서 얻으신 바 아뇩다라삼먁삼보리 가운데는 실다움도 없고 헛됨도 없느니라. 그러한 까닭으로 여래께서 설하시되, '일체 모든 법이 다 부처님 법'이라고 하셨느니라. 수보리야, 말한 바 '일체 모든 법'이란, 곧 일체 모든 법이 아니니라. 그러한 까닭에 이름을

'일체 모든 법'이라 하느니라.

　수보리야, 비유하건대 '사람의 몸이 크다'라고 하는 것과 같은 것이니라."

　수보리가 말씀드렸습니다.

　"세존이시여, 여래께서 설하신, '사람의 몸이 크다'라는 것은 곧 큰 몸이 아니라 그 이름이 '큰 몸'인 것입니다."

　"수보리야, '보살'도 또한 이와 같아서, 만약에 이런 말을 하되, '내가 마땅히 한량없는 중생을 멸도하리라'라고 한다면, '보살'이라 이름할 수 없느니라. 왜냐하면 수보리야, 실지로 '보살'이라고 이름할 것이 없기 때문이니라. 그러한 까닭으로 부처님께서 설하시되, '일체 모든 법이란 아도 없고, 인도 없고, 중생도 없으며, 수자도 없다'라고 하셨느니라.

수보리야, 만약에 어떤 보살이 이런 말을 하되, '내가 마땅히 불국토를 장엄하리라'라고 한다면, 이는 '보살'이라 이름할 수 없느니라. 왜냐하면 여래께서 설하신 '불국토를 장엄한다'라는 것은 곧 장엄이 아니라 그 이름이 '장엄'이기 때문이니라.

수보리야, 만일 보살이 '무아의 법을 통달한 자'이면, 여래께서는 이를 '참다운 보살'이라 이름하시느니라.

一體同觀分 第十八

수보리야, 어떻게 생각하느냐? 여래

께서는 육안이 있으시냐?"

"그러하옵니다, 세존이시여. 여래께서
는 육안이 있으십니다."

"수보리야, 어떻게 생각하느냐? 여래
께서는 천안이 있으시냐?"

"그러하옵니다, 세존이시여. 여래께서
는 천안이 있습니다."

"수보리야, 어떻게 생각하느냐? 여래
께서는 혜안이 있으시냐?"

"그러하옵니다, 세존이시여. 여래께서
는 혜안이 있으십니다."

"수보리야, 어떻게 생각하느냐? 여래
께서는 법안이 있으시냐?"

"그러하옵니다, 세존이시여. 여래께서

는 법안이 있으십니다."

"수보리야, 어떻게 생각하느냐? 여래
께서는 불안이 있으시냐?"

"그러하옵니다, 세존이시여. 여래께서
는 불안이 있으십니다."

"수보리야, 어떻게 생각하느냐? '저 갠
지스강 가운데 있는 모래와 같이'라고 하
면서, 내가 '모래'를 말한 적이 있느냐?"

"그러하옵니다, 세존이시여. 모래를
말씀한 적이 있으십니다."

"수보리야, 어떻게 생각하느냐? 저 한
갠지스강에 있는 모래의 숫자와 같이 그
렇게 많은 수의 갠지스강이 있고, 그 모든
갠지스강에 있는 바 그 모래의 숫자만큼

부처님 세계가 있다면, 그 수가 많지 않겠느냐?"

"대단히 많겠습니다, 세존이시여."

부처님께서 수보리에게 이르시었습니다.

"저 국토 가운데 있는 중생의 가지가지 종류의 마음을 여래께서는 다 아시느니라. 왜냐하면 여래께서 설하신, 모든 '마음'은 모두 마음이 아니라 그 이름이 '마음'이기 때문이니라. 어떤 연유인고 하면 수보리야, 과거의 마음도 얻을 수 없고, 현재의 마음도 얻을 수 없으며, 미래의 마음도 얻을 수 없는 까닭이니라.

法界通化分 第十九

　수보리야, 어떻게 생각하느냐? 만약에 어떤 사람이 있어, 삼천대천세계에 칠보를 가득히 채워서 보시한다면, 이 사람은 이 인연으로 복을 많이 얻겠느냐?"

　"그렇습니다, 세존이시여. 그 사람은 이 인연으로 복을 대단히 많이 얻겠습니다."

　"수보리야, 만약 복덕이 실다움이 있을진댄 여래께서 '복덕을 얻음이 많다'라고 말씀하지 않으시련만, 복덕이 없는 까닭에 여래께서는 '복덕을 얻음이 많다'라고 말씀하시느니라.

離色離相分 第二十

　수보리야, 어떻게 생각하느냐? 부처

님을 구족한 색신으로써 볼 수 있겠느냐?"

"볼 수 없습니다, 세존이시여. 여래를 구족한 색신으로써 볼 수 없습니다. 왜냐하면 여래께서 설하신 '구족한 색신'은 곧 구족한 색신이 아니라 그 이름이 '구족한 색신'이기 때문입니다."

"수보리야, 어떻게 생각하느냐? 여래를 모든 상이 구족한 것으로써 볼 수 있겠느냐?"

"볼 수 없습니다, 세존이시여. 여래를 '모든 상이 구족한 것'으로써 볼 수 없습니다. 왜냐하면 여래께서 설하신 '모든 상의 구족함'은 곧 구족이 아니라 그 이름이 '모든 상의 구족함'이기 때문입니다."

非說所說分 第二十一

"수보리야, 너는 여래께서 이런 생각, 즉 '내가 마땅히 설한 바 법이 있다'라는 생각을 하신다고 말하지 말라. 이러한 생각을 짓지 말지니, 왜냐하면 만약에 어떤 사람이 '여래께서 설하신 바 법이 있다'라고 말한다면, 이는 곧 부처님을 비방하는 것이 되기 때문이니라. 능히 내가 설한 바를 이해하지 못한 까닭이니라.

수보리야, 설법이라는 것은 '법을 가히 설할 것이 없음'을 이름하여 '설법'이라 하느니라."

그때 혜명 수보리가 부처님께 말씀드

렸습니다.

"세존이시여, 자못 어떤 중생이 미래세에 이 법 설하시는 것을 듣고, 믿는 마음을 내겠습니까?"

부처님께서 말씀하셨습니다.

"수보리야, 저들은 '중생'이 아니며 '중생 아님'도 아니니라. 왜냐하면 수보리야, 중생을 '중생'이라 한 것은 여래께서 설하시되, 중생이 아니라 그 이름이 '중생'이라 하셨기 때문이니라."

無法可得分 第二十二

수보리가 부처님께 사뢰었습니다.

"세존이시여, 부처님께서 아뇩다라삼먁삼보리를 얻으신 것은 '얻은 바 없음'

이 됩니다."

부처님께서 말씀하셨습니다.

"그러하니라, 그러하니라. 수보리야, 내가 아뇩다라삼먁삼보리 내지는 작은 법이라도 가히 얻음이 없으므로, 이를 '아뇩다라삼먁삼보리'라 이름하는 것이니라.

淨心行善分 第二十三

또한 수보리야, 이 법은 평등하여 높고 낮음이 없으므로 '아뇩다라삼먁삼보리'라 이름하느니라. 아도 없고 인도 없고 중생도 없고 수자도 없이 모든 착한 법 즉, 일체 선법을 닦으면, 곧 아뇩다라삼먁삼보리를 얻느니라. 수보리야, 말한 바 '선법'이라는 것은 여래께서 설하시되, 곧 선법이 아니라 그 이름이 '선법'이라 하셨느니라.

福智無比分 第二十四

수보리야, 만약에 삼천대천세계 가운데 있는 모든 수미산왕 만큼의 칠보 무더기들을 누군가가 가져다 보시하더라도, 만약 어떤 사람이 이 반야바라밀경 내지는 네 구절의 게송 등을 받아 지니며, 읽고 외워서 다른 사람을 위해 말해주는 것에 비하면, 그 복덕은 백분의 일, 백천만억분의 일에도 미치지 못할 뿐만 아니라, 헤아림이나 비유로는 능히 미치지 못하느니라.

수보리야, 어떻게 생각하느냐? 너희들은 여래께서 이런 생각, 즉 '내가 마땅히 중생을 제도한다'라는 생각을 하신다고 말하지 말라. 수보리야, 이러한 생각은 짓지 말지니, 왜냐하면 실지로는 여래께서 제도할 중생이 없기 때문이니라. 만약에 여래께서 '제도할 중생이 있다'라고 하신다면, 여래는 곧 '아와 인과 중생과 수자가 있는 것'이 되느니라. 수보리야, 여래께서 설하신, '아(我)가 있다'라고 하는 것은 곧 아가 있음이 아니거늘, 범부들이 '아가 있다'라고 여기는 것이니라. 수보리야, '범부'라는 것도 여래께서 설하시되, 곧 범부가 아니라 그 이름이 '범부'라 하셨느니라.

法身非相分 第二十六

수보리야, 어떻게 생각하느냐? 32상으로써 여래를 볼 수 있겠느냐?"

수보리가 말씀드렸습니다.

"예, 그렇습니다. 32상으로써 여래를 볼 수 있습니다."

부처님께서 말씀하셨습니다.

"수보리야, 만일 '32상으로 여래를 본다'라고 하면, 전륜성왕도 곧 여래이리라."

수보리가 부처님께 사뢰었습니다.

"세존이시여, 제가 부처님께서 설하신

말씀의 뜻을 이해하기로는 응당 32상으로써 여래를 볼 수 없습니다."

그때 세존께서 게송으로 말씀하셨습니다.

"만약 형색으로써 나를 보거나 소리로써 나를 구하면, 그 사람은 삿된 도를 행함이니, 능히 여래를 보지 못하리라.

無斷無滅分 第二十七

수보리야, 네가 만일 이런 생각을 하되, '여래께서는 구족한 상을 쓰시지 않은 까닭으로 아뇩다라삼먁삼보리를 얻으셨다'라고 한다면, 수보리야 '여래께서는 구족한 상을 쓰시지 않은 까닭으로 아뇩다라삼먁삼보리를 얻으셨다'라는 생각을 짓지 마라.

　수보리야, 네가 만일 이런 생각을 하되, '아뇩다라삼먁삼보리심을 발한 사람은 모든 법이 단멸했다고 말한다'라고 한다면, 이런 생각도 짓지 말지니, 왜냐하면 아뇩다라삼먁삼보리심을 발한 사람은 법에 있어서 단멸상을 말하지 않기 때문이니라.

不受不貪分 第二十八

　수보리야, 만약에 보살이 갠지스강 모래 수만큼의 세계에 칠보를 가득히 채워서 보시에 쓴다고 하더라도, 만일 어떤 사람이 있어, '일체법이 아(我)가 없음'을 알아서, 지혜(忍)를 얻어 이루면, 이 보살은 앞의 보살이 얻은 바 공덕보다 수승하리라. 왜냐하면 수보리야, 이 모든 보살은 복덕을 받지 않는 까닭이니라."

수보리가 부처님께 사뢰었습니다.

"세존이시여, 어찌하여 보살이 복덕을 받지 않습니까?"

"수보리야, 보살은 지은 바 복덕에 탐착하지 않느니라. 그러한 까닭으로 '복덕을 받지 않는다'라고 하느니라.

威儀寂靜分 第二十九

수보리야, 만약에 어떤 사람이 있어서, '여래께서는 오시기도 하고, 가시기도 하며, 앉으시기도 하고, 누우시기도 한다'라고 말한다면, 이 사람은 내가 설한 바 뜻을 이해하지 못함이니라. 왜냐하면 여래란 어디로부터 온 바도 없으며 또한 가는 바도 없는 까닭에 '여래'라 이름하기 때문이니라.

一合理相分 第三十

수보리야, 만약에 선남자 선여인이 삼천대천세계를 부수어서 작은 먼지로 만든다면, 어떻게 생각하느냐? 그 수가 많지 않겠느냐?"

수보리가 대답하였습니다.

"대단히 많겠습니다, 세존이시여. 왜냐하면 만일 이 작은 먼지들이 실지로 있는 것이라면, 부처님께서 곧 '작은 먼지들'이라고 말씀하지 않으셨을 것이기 때문입니다. 어떤 연유인고 하면, 부처님께서 설하신 '작은 먼지들'은 곧 작은 먼지들이 아니라 그 이름이 '작은 먼지들'인 까닭입니다.

세존이시여, 여래께서 설하신 바 '삼천대천세계'는 곧 세계가 아니라 그 이름이 '세계'입니다. 왜냐하면 만약에 세계가 실지로 있는 것이라면 곧 한 덩어리의 모양으로 된 것이려니와, 여래께서 설하신 '한 덩어리'는 한 덩어리가 아니라 그 이름이 '한 덩어리'이기 때문입니다."

"수보리야, '한 덩어리의 모양'이란 곧 말할 수 없거늘, 다만 범부들이 그것을 탐내고 집착하느니라.

수보리야, 만약에 어떤 사람이 말하기를 '부처님께서 아견 · 인견 · 중생견 · 수자견을 설하셨다'라고 한다면, 어떻게 생각하느냐? 이 사람은 내가 설한 바 뜻을 이해하고 있는 것이냐?"

"아닙니다, 세존이시여. 그 사람은 여래께서 말씀하신 뜻을 이해하지 못한 것입니다. 왜냐하면 세존께서 설하신 '아견 · 인견 · 중생견 · 수자견'은 곧 아견 · 인견 · 중생견 · 수자견이 아니라 그 이름이 '아견 · 인견 · 중생견 · 수자견'이기 때문입니다."

"수보리야, 아뇩다라삼먁삼보리심을

발한 사람은 모든 법에 대하여 마땅히 이
와 같이 알고, 이와 같이 보며, 이와 같이
믿고 이해하여, '법'이라는 상을 내지 말
아야 하느니라. 수보리야, 말한 바 '법상'
이란 여래께서 설하시되, 곧 법상이 아니
라 그 이름이 '법상'이라 하셨느니라.

應化非眞分 第三十二

수보리야, 만약에 어떤 사람이 있어,
한량없는 아승지 세계에 칠보를 가득히
채워서 보시에 쓴다고 할지라도, 만일 어
떤 선남자 선여인이 보살심을 발한 자가
있어서, 이 금강경을 지니거나, 혹은 네
구절의 게송 등이라도 받아 지니며 읽고
외워서, 다른 사람을 위해 널리 말해주

면, 그 복덕이 먼저보다 수승하리라. 다른 사람을 위해 널리 말해 줄 때는 어떻게 해야 할 것인가? 상에 집착하지 말고, 한결같이 하며, 흔들림 없이 하라.

왜냐하면, 일체의 '중생심이 쓰는 유위법'은 꿈과 같고, 허깨비와 같고, 물거품과 같고, 그림자와 같고, 이슬과 같고, 번개와 같기 때문이니, 마땅히 이와 같이 보아라."

부처님께서 이 금강경 설하심을 모두 마치시니, 장로인 수보리와 모든 비구·비구니와 우바새·우바이와 일체 세간의 하늘사람·인간·아수라 등이 석가모니 부처님의 법문을 듣고, 모두 다 크게 환희

하며, 믿고 받아 지녀, 받들어 행하였습
니다.

마하반야바라밀

한문 금강경 독송

원한역 : 요진 삼장법사 구마라집

原漢譯 : 姚秦 三藏法師 鳩摩羅什

한역편저 : 무일 우학

漢譯編著 : 無一 又學

개 경 게
開 經 偈

무상심심미묘법
無 上 甚 深 微 妙 法

백천만겁난조우
百 千 萬 劫 難 遭 遇

아금문견득수지
我 今 聞 見 得 受 持

원해여래진실의
願 解 如 來 眞 實 意

개법장 진언
開 法 藏 眞 言

옴 아라남 아라다 (세 번)

法會因由分 第一

如是我聞 一時 佛 在舍衛國 祇樹給
여시아문 일시 불 재사위국 기수급

孤獨園 與大比丘衆 千二百五十人 俱
고독원 여대비구중 천이백오십인 구

爾時 世尊 食時 着衣持鉢 入舍衛大
이시 세존 식시 착의지발 입사위대

城 乞食 於其城中 次第乞已 還至本
성 걸식 어기성중 차제걸이 환지본

處 飯食訖 收衣鉢 洗足已 敷座而坐
처 반사흘 수의발 세족이 부좌이좌

善現起請分 第二

時 長老須菩提 在大衆中 卽從座起
시 장로수보리 재대중중 즉종좌기

偏袒右肩 右膝着地 合掌恭敬 而白佛
편단우견 우슬착지 합장공경 이백불

言 希有世尊 如來 善護念諸菩薩 善
언 희유세존 여래 선호념제보살 선

付囑諸菩薩 世尊 善男子善女人 發阿
부촉제보살 세존 선남자선여인 발아

耨多羅三藐三菩提心　應云何住　云何
뇩다라삼먁삼보리심　응운하주　운하

降伏其心　佛言　善哉善哉　須菩提　如
항복기심　불언　선재선재　수보리　여

汝所說　如來　善護念諸菩薩　善付囑
여소설　여래　선호념제보살　선부촉

諸菩薩　汝今諦聽　當爲汝說　善男子
제보살　여금제청　당위여설　선남자

善女人　發阿耨多羅三藐三菩提心　應
선여인　발아뇩다라삼먁삼보리심　응

如是住　如是降伏其心　唯然　世尊　願
여시주　여시항복기심　유연　세존　원

樂欲聞
요욕문

大乘正宗分 第三

佛告　須菩提　諸菩薩摩訶薩　應如是降
불고　수보리　제보살마하살　응여시항

伏其心　所有一切　衆生之類　若卵生
복기심　소유일체　중생지류　약난생

若胎生　若濕生　若化生　若有色　若無
약태생　약습생　약화생　약유색　약무

色 若有想 若無想 若非有想 非無想

색 약유상 약무상 약비유상 비무상

我皆令入 無餘涅槃 而滅度之 如是滅

아개영입 무여열반 이멸도지 여시멸

度 無量無數 無邊衆生 實無衆生 得

도 무량무수 무변중생 실무중생 득

滅度者 何以故 須菩提 若菩薩 有我

멸도자 하이고 수보리 약보살 유아

相 人相 衆生相 壽者相 卽非菩薩

상 인상 중생상 수자상 즉비보살

妙行無住分 第四

復次 須菩提 菩薩 於法 應無所住 行

부차 수보리 보살 어법 응무소주 행

於布施 所謂不住色布施 不住聲香味

어보시 소위부주색보시 부주성향미

觸法布施 須菩提 菩薩 應如是 布施

촉법보시 수보리 보살 응여시보시

不住於相 何以故 若菩薩 不住相布施

부주어상 하이고 약보살 부주상보시

其福德 不可思量 須菩提 於意云何

기복덕 불가사량 수보리 어의운하

東方虛空 可思量不 不也 世尊 須菩
동방허공 가사량부 불야 세존 수보

提 南西北方 四維上下虛空 可思量不
리 남서북방 사유상하허공 가사량부

不也 世尊 須菩提 菩薩 無住相布施
불야 세존 수보리 보살 무주상보시

福德 亦復如是 不可思量 須菩提 菩
복덕 역부여시 불가사량 수보리 보

薩 但應如所敎住
살 단응여소교주

如理實見分 第五

須菩提 於意云何 可以身相 見如來不
수보리 어의운하 가이신상 견여래부

不也 世尊 不可以身相 得見如來 何
불야 세존 불가이신상 득견여래 하

以故 如來所說身相 卽非身相 佛告
이고 여래소설신상 즉비신상 불고

須菩提 凡所有相 皆是虛妄 若見諸
수보리 범소유상 개시허망 약견제

相非相 卽見如來
상비상 즉견여래

正信希有分 第六

須菩提 白佛言 世尊 頗有衆生 得聞
수보리 백불언 세존 파유중생 득문

如是言說章句 生實信不 佛告 須菩提
여시언설장구 생실신부 불고 수보리

莫作是說 如來滅後 後五百歲 有持戒
막작시설 여래멸후 후오백세 유지계

修福者 於此章句 能生信心 以此爲實
수복자 어차장구 능생신심 이차위실

當知是人 不於 一佛二佛三四五佛 而
당지시인 불어 일불이불삼사오불 이

種善根 已於無量千萬佛所 種諸善根
종선근 이어무량천만불소 종제선근

聞是章句 乃至一念 生淨信者 須菩提
문시장구 내지일념 생정신자 수보리

如來 悉知悉見 是諸衆生 得如是無量
여래 실지실견 시제중생 득여시무량

福德 何以故 是諸衆生 無復我相 人
복덕 하이고 시제중생 무부아상 인

相 衆生相 壽者相 無法相 亦無非法
상 중생상 수자상 무법상 역무비법

相 何以故 是諸衆生 若心取相 卽爲
상 하이고 시제중생 약심취상 즉위

着我人衆生壽者 若取法相 卽着我人
착아인중생수자 약취법상 즉착아인

衆生壽者 何以故 若取非法相 卽着我
중생수자 하이고 약취비법상 즉착아

人衆生壽者 是故 不應取法 不應取非
인중생수자 시고 불응취법 불응취비

法 以是義故 如來常說 汝等比丘 知
법 이시의고 여래상설 여등비구 지

我說法 如筏喩者 法尚應捨 何況非法
아설법 여벌유자 법상응사 하황비법

無得無說分 第七

須菩提 於意云何 如來得 阿耨多羅三
수보리 어의운하 여래득 아뇩다라삼

藐三菩提耶 如來 有所說法耶 須菩提
막삼보리야 여래 유소설법야 수보리

言 如我解佛所說義 無有定法 名阿耨
언 여아해불소설의 무유정법 명아뇩

多羅三藐三菩提 亦無有定法 如來可
다라삼막삼보리 역무유정법 여래가

說 何以故 如來所說法 皆不可取 不
설 하이고 여래소설법 개불가취 불

可說 非法 非非法 所以者何 一切賢
가설 비법 비비법 소이자하 일체현

聖 皆以無爲法 而有差別
성 개이무위법 이유차별

依法出生分 第八

須菩提 於意云何 若人 滿三千大千世
수보리 어의운하 약인 만삼천대천세

界七寶 以用布施 是人 所得福德 寧
계칠보 이용보시 시인 소득복덕 영

爲多不 須菩提言 甚多 世尊 何以故
위다부 수보리언 심다 세존 하이고

是福德 卽非福德性 是故 如來說 福
시복덕 즉비복덕성 시고 여래설 복

德多 若復有人 於此經中 受持乃至四
덕다 약부유인 어차경중 수지내지사

句偈等 爲他人說 其福勝彼 何以故
구게등 위타인설 기복승피 하이고

須菩提 一切諸佛 及諸佛 阿耨多羅三
수보리 일체제불 급제불 아뇩다라삼

藐三菩提法 皆從此經出 須菩提 所謂
막삼보리법 개종차경출 수보리 소위

佛法者 卽非佛法
불법자 즉비불법

一相無相分 第九

須菩提 於意云何 須陀洹 能作是念
수보리 어의운하 수다원 능작시념

我得須陀洹果不 須菩提言 不也 世尊
아득수다원과부 수보리언 불야 세존

何以故 須陀洹 名爲入流 而無所入
하이고 수다원 명위입류 이무소입

不入色聲香味觸法 是名須陀洹 須菩
불입색성향미촉법 시명수다원 수보

提 於意云何 斯陀含 能作是念 我得
리 어의운하 사다함 능작시념 아득

斯陀含果不 須菩提言 不也 世尊 何
사다함과부 수보리언 불야 세존 하

以故 斯陀含 名一往來 而實無往來
이고 사다함 명일왕래 이실무왕래

是名斯陀含 須菩提 於意云何 阿那含
시명사다함 수보리 어의운하 아나함

能作是念 我得阿那含果不 須菩提言
능작시념 아득아나함과부 수보리언

不也 世尊 何以故 阿那含 名爲不來
불야 세존 하이고 아나함 명위불래

而實無不來 是故 名阿那含 須菩提
이실무불래 시고 명아나함 수보리

於意云何 阿羅漢 能作是念 我得阿羅
어의운하 아라한 능작시념 아득아라

漢道不 須菩提言 不也 世尊 何以故
한도부 수보리언 불야 세존 하이고

實無有法 名阿羅漢 世尊 若阿羅漢
실무유법 명아라한 세존 약아라한

作是念 我得阿羅漢道 卽爲着我人衆
작시념 아득아라한도 즉위착아인중

生壽者 世尊 佛說 我得無諍三昧 人
생수자 세존 불설 아득무쟁삼매 인

中 最爲第一 是第一離欲阿羅漢 世
중 최위제일 시제일이욕아라한 세

尊 我不作是念 我是離欲阿羅漢 世
존 아부작시념 아시이욕아라한 세

尊 我若作是念 我得阿羅漢道 世尊
존 아약작시념 아득아라한도 세존

即不說 須菩提 是樂阿蘭那行者 以須
즉불설 수보리 시요아란나행자 이수

菩提 實無所行 而名須菩提 是樂阿蘭
보리 실무소행 이명수보리 시요아란

那行
나행

莊嚴淨土分 第十

佛告 須菩提 於意云何 如來 昔在燃
불고 수보리 어의운하 여래 석재연

燈佛所 於法 有所得不 不也 世尊 如
등불소 어법 유소득부 불야 세존 여

來在燃燈佛所 於法 實無所得 須菩提
래재연등불소 어법 실무소득 수보리

於意云何 菩薩 莊嚴佛土不 不也 世
어의운하 보살 장엄불토부 불야 세

尊 何以故 莊嚴佛土者 即非莊嚴 是
존 하이고 장엄불토자 즉비장엄 시

名莊嚴 是故 須菩提 諸菩薩摩訶薩
명장엄 시고 수보리 제보살마하살

應如是 生清淨心 不應住色生心 不應
응여시 생청정심 불응주색생심 불응

住聲香味觸法生心　應無所住　而生其

주성향미촉법생심 응무소주 이생기

心　須菩提　譬如有人　身如須彌山王

심 수보리 비여유인 신여수미산왕

於意云何　是身　爲大不　須菩提言　甚

어의운하 시신 위대부 수보리언 심

大　世尊　何以故　佛說非身　是名大身

대 세존 하이고 불설비신 시명대신

無爲福勝分 第十一

須菩提　如恒河中　所有沙數　如是沙等

수보리 여항하중 소유사수 여시사등

恒河　於意云何　是諸恒河沙　寧爲多不

항하 어의운하 시제항하사 영위다부

須菩提言　甚多　世尊　但諸恒河　尚多

수보리언 심다 세존 단제항하 상다

無數　何況其沙　須菩提　我今　實言　告

무수 하황기사 수보리 아금 실언 고

汝　若有善男子善女人　以七寶　滿爾所

여 약유선남자선여인 이칠보 만이소

恒河沙數三千大千世界　以用布施　得

항하사수삼천대천세계 이용보시 득

福多不 須菩提言 甚多 世尊 佛告 須
복다부 수보리언 심다 세존 불고 수

菩提 若善男子善女人 於此經中 乃
보리 약선남자선여인 어차경중 내

至受持四句偈等 爲他人說 而此福德
지수지사구게등 위타인설 이차복덕

勝前福德
승전복덕

尊重正教分 第十二

復次 須菩提 隨說是經 乃至四句偈等
부차 수보리 수설시경 내지사구게등

當知此處 一切世間 天 人 阿修羅 皆
당지차처 일체세간 천 인 아수라 개

應供養 如佛塔廟 何況有人 盡能受持
응공양 여불탑묘 하황유인 진능수지

讀誦 須菩提 當知是人 成就最上 第
독송 수보리 당지시인 성취최상 제

一希有之法 若是經典 所在之處 即爲
일희유지법 약시경전 소재지처 즉위

有佛 若尊重弟子
유불 약존중제자

如法受持分 第十三

爾時 須菩提 白佛言 世尊 當何名此
이시 수보리 백불언 세존 당하명차

經 我等 云何奉持 佛告 須菩提 是經
경 아등 운하봉지 불고 수보리 시경

名爲 金剛般若波羅蜜 以是名字 汝當
명위 금강반야바라밀 이시명자 여당

奉持 所以者何 須菩提 佛說般若波
봉지 소이자하 수보리 불설반야바

羅蜜 卽非般若波羅蜜 是名般若波羅
라밀 즉비반야바라밀 시명반야바라

蜜 須菩提 於意云何 如來有所說法
밀 수보리 어의운하 여래유소설법

不 須菩提 白佛言 世尊 如來無所說
부 수보리 백불언 세존 여래무소설

須菩提 於意云何 三千大千世界 所有
수보리 어의운하 삼천대천세계 소유

微塵 是爲多不 須菩提言 甚多 世尊
미진 시위다부 수보리언 심다 세존

須菩提 諸微塵 如來說非微塵 是名微
수보리 제미진 여래설비미진 시명미

塵　如來說世界　非世界　是名世界　須
진　여래설세계　비세계　시명세계　수

菩提　於意云何　可以三十二相　見如來
보리　어의운하　가이삼십이상　견여래

不　不也世尊　不可以　三十二相　得見
부　불야　세존　불가이　삼십이상　득견

如來　何以故　如來說　三十二相　卽是
여래　하이고　여래설　삼십이상　즉시

非相　是名三十二相　須菩提　若有善
비상　시명삼십이상　수보리　약유선

男子善女人　以恒河沙等身命　布施
남자선여인　이항하사등신명　보시

若復有人　於此經中　乃至受持四句偈
약부유인　어차경중　내지수지사구게

等　爲他人說　其福甚多
등　위타인설　기복심다

離相寂滅分 第十四

爾時　須菩提　聞說是經　深解義趣　涕
이시　수보리　문설시경　심해의취　체

涙悲泣　而白佛言　希有　世尊　佛說如
루비읍　이백불언　희유　세존　불설여

是　甚深經典　我從昔來　所得慧眼　未
시 심심경전 아종석래 소득혜안 미

曾得聞　如是之經　世尊　若復有人　得
증득문 여시지경 세존 약부유인 득

聞是經　信心淸淨　卽生實相　當知是人
문시경 신심청정 즉생실상 당지시인

成就第一　希有功德　世尊　是實相者
성취제일 희유공덕 세존 시실상자

卽是非相　是故　如來說名實相　世尊
즉시비상 시고 여래설명실상 세존

我今得聞　如是經典　信解受持　不足爲
아금득문 여시경전 신해수지 부족위

難　若當來世　後五百歲　其有衆生　得
난 약당내세 후오백세 기유중생 득

聞是經　信解受持　是人　卽爲第一希有
문시경 신해수지 시인 즉위제일희유

何以故　此人　無我相　無人相　無衆生
하이고 차인 무아상 무인상 무중생

相　無壽者相　所以者何　我相　卽是非
상 무수자상 소이자하 아상 즉시비

相　人相　衆生相　壽者相　卽是非相　何
상 인상 중생상 수자상 즉시비상 하

以故　離一切諸相　即名諸佛　佛告　須
이고 이일체제상 즉명제불 불고 수

菩提　如是如是　若復有人　得聞是經
보리 여시여시 약부유인 득문시경

不驚不怖不畏　當知是人　甚爲希有　何
불경불포불외 당지시인 심위희유 하

以故　須菩提　如來說第一波羅蜜　即非
이고 수보리 여래설제일바라밀 즉비

第一波羅蜜　是名第一波羅蜜　須菩提
제일바라밀 시명제일바라밀 수보리

忍辱波羅蜜　如來說非忍辱波羅蜜　是
인욕바라밀 여래설비인욕바라밀 시

名忍辱波羅蜜　何以故　須菩提　如我
명인욕바라밀 하이고 수보리 여아

昔爲歌利王　割截身體　我於爾時　無
석위가리왕 할절신체 아어이시 무

我相　無人相　無衆生相　無壽者相　何
아상 무인상 무중생상 무수자상 하

以故　我於往昔　節節支解　時　若有我
이고 아어왕석 절절지해 시 약유아

相　人相　衆生相　壽者相　應生瞋恨　須
상 인상 중생상 수자상 응생진한 수

菩提 又念 過去於五百世 作忍辱仙人
보리 우념 과거어오백세 작인욕선인

於爾所世 無我相 無人相 無衆生相
어이소세 무아상 무인상 무중생상

無壽者相 是故 須菩提 菩薩 應離一
무수자상 시고 수보리 보살 응리일

切相 發阿耨多羅三藐三菩提心 不應
체상 발아뇩다라삼먁삼보리심 불응

住色生心 不應住聲香味觸法生心 應
주색생심 불응주성향미촉법생심 응

生無所住心 若心有住 卽爲非住 是故
생무소주심 약심유주 즉위비주 시고

佛說菩薩 心不應住色布施 須菩提 菩
불설보살 심불응주색보시 수보리 보

薩 爲利益一切衆生 應如是布施 如
살 위이익일체중생 응여시보시 여

來說 一切諸相 卽是非相 又說 一切
래설 일체제상 즉시비상 우설 일체

衆生 卽非衆生 須菩提 如來 是眞語
중생 즉비중생 수보리 여래 시진어

者 實語者 如語者 不誑語者 不異語
자 실어자 여어자 불광어자 불이어

者　須菩提　如來所得法　此法　無實無
자 수보리 여래소득법 차법 무실무

虛　須菩提　若菩薩　心住於法　而行布
허 수보리 약보살 심주어법 이행보

施　如人入闇　卽無所見　若菩薩　心不
시 여인입암 즉무소견 약보살 심부

住法　而行布施　如人有目　日光明照
주법 이행보시 여인유목 일광명조

見種種色　須菩提　當來之世　若有善男
견종종색 수보리 당래지세 약유선남

子善女人　能於此經　受持讀誦　卽爲如
자선여인 능어차경 수지독송 즉위여

來　以佛智慧　悉知是人　悉見是人　皆
래 이불지혜 실지시인 실견시인 개

得成就　無量無邊功德
득성취 무량무변공덕

持經功德分 第十五

須菩提　若有善男子善女人　初日分
수보리 약유선남자선여인 초일분

以恒河沙等身　布施　中日分　復以恒
이항하사등신 보시 중일분 부이항

河沙等身 布施 後日分 亦以恒河沙
하사등신 보시 후일분 역이항하사

等身 布施 如是無量百千萬億劫 以
등신 보시 여시무량백천만억겁 이

身布施 若復有人 聞此經典 信心不逆
신보시 약부유인 문차경전 신심불역

其福勝彼 何況書寫 受持讀誦 爲人解
기복승피 하황서사 수지독송 위인해

說 須菩提 以要言之 是經 有不可思
설 수보리 이요언지 시경 유불가사

議 不可稱量 無邊功德 如來爲發大乘
의 불가칭량 무변공덕 여래위발대승

者說 爲發最上乘者說 若有人 能受持
자설 위발최상승자설 약유인 능수지

讀誦 廣爲人說 如來 悉知是人 悉見
독송 광위인설 여래 실지시인 실견

是人 皆得成就 不可量 不可稱 無有
시인 개득성취 불가량 불가칭 무유

邊 不可思議功德 如是人等 即爲荷擔
변 불가사의공덕 여시인등 즉위하담

如來 阿耨多羅三藐三菩提 何以故
여래 아뇩다라삼먁삼보리 하이고

須菩提 若樂小法者 着我見 人見 眾
수보리 약요소법자 착아견 인견 중

生見 壽者見 即於此經 不能聽受讀誦
생견 수자견 즉어차경 불능청수독송

爲人解說 須菩提 在在處處 若有此經
위인해설 수보리 재재처처 약유차경

一切世間 天 人 阿修羅 所應供養 當
일체세간 천 인 아수라 소응공양 당

知此處 即爲是塔 皆應恭敬 作禮圍繞
지차처 즉위시탑 개응공경 작례위요

以諸華香 而散其處
이제화향 이산기처

能淨業障分 第十六

復次 須菩提 善男子善女人 受持讀誦
부차 수보리 선남자선여인 수지독송

此經 若爲人輕賤 是人 先世罪業 應
차경 약위인경천 시인 선세죄업 응

墮惡道 以今世人 輕賤故 先世罪業
타악도 이금세인 경천고 선세죄업

即爲消滅 當得阿耨多羅三藐三菩提
즉위소멸 당득아눅다라삼막삼보리

須菩提 我念過去 無量阿僧祇劫 於燃
수보리 아념과거 무량아승지겁 어연

燈佛前 得值 八百四千萬億 那由他
등불전 득치 팔백사천만억 나유타

諸佛 悉皆供養承事 無空過者 若復有
제불 실개공양승사 무공과자 약부유

人 於後末世 能受持讀誦此經 所得功
인 어후말세 능수지독송차경 소득공

德 於我所供養 諸佛功德 百分不及
덕 어아소공양 제불공덕 백분불급

一 千萬億分 乃至算數譬喩 所不能及
일 천만억분 내지산수비유 소불능급

須菩提 若善男子善女人 於後末世 有
수보리 약선남자선여인 어후말세 유

受持讀誦此經 所得功德 我若具說者
수지독송차경 소득공덕 아약구설자

或有人聞 心卽狂亂 狐疑不信 須菩提
혹유인문 심즉광난 호의불신 수보리

當知 是經義 不可思議 果報 亦不可
당지 시경 의 불가사의 과보 역불가

思議
사의

究竟無我分 第十七

爾時 須菩提 白佛言 世尊 善男子善
이시 수보리 백불언 세존 선남자선

女人 發阿耨多羅三藐三菩提心 云何
여인 발아뇩다라삼먁삼보리심 운하

應住 云何降伏其心 佛告 須菩提 若
응주 운하항복기심 불고 수보리 약

善男子善女人 發阿耨多羅三藐三菩
선남자선여인 발아뇩다라삼먁삼보

提心者 當生如是心 我應滅度 一切衆
리심자 당생여시심 아응멸도 일체중

生 滅度一切衆生已 而無有一衆生
생 멸도일체중생이 이무유일중생

實滅度者 何以故 須菩提 若菩薩 有
실멸도자 하이고 수보리 약보살 유

我相 人相 衆生相 壽者相 即非菩薩
아상 인상 중생상 수자상 즉비보살

所以者何 須菩提 實無有法 發阿耨多
소이자하 수보리 실무유법 발아뇩다

羅三藐三菩提心者 須菩提 於意云何
라삼먁삼보리심자 수보리 어의운하

如來 於燃燈佛所 有法得 阿耨多羅三
여래 어연등불소 유법득 아뇩다라삼

藐三菩提不 不也 世尊 如我解佛所說
먁삼보리부 불야 세존 여아해불소설

義 佛於燃燈佛所 無有法得阿耨多羅
의 불어연등불소 무유법득아뇩다라

三藐三菩提 佛言 如是如是 須菩提
삼먁삼보리 불언 여시여시 수보리

實無有法 如來得阿耨多羅三藐三菩
실무유법 여래득아뇩다라삼먁삼보

提 須菩提 若有法 如來得阿耨多羅
리 수보리 약유법 여래득아뇩다라

三藐三菩提者 燃燈佛 卽不與我授記
삼먁삼보리자 연등불 즉불여아수기

汝於來世 當得作佛 號釋迦牟尼 以實
여어내세 당득작불 호석가모니 이실

無有法 得阿耨多羅三藐三菩提 是 故
무유법 득아뇩다라삼먁삼보리 시고

燃燈佛 與我授記 作是言 汝於來世
연등불 여아수기 작시언 여어내세

當得作佛 號釋迦牟尼 何以故 如來者
당득작불 호석가모니 하이고 여래자

卽諸法如義 若有人言 如來得阿耨多
즉제법여의 약유인언 여래득아뇩다

羅三藐三菩提 須菩提 實無有法 佛得
라삼먁삼보리 수보리 실무유법 불득

阿耨多羅三藐三菩提 須菩提 如來所
아뇩다라삼먁삼보리 수보리 여래소

得 阿耨多羅三藐三菩提 於是中 無實
득 아뇩다라삼먁삼보리 어시중 무실

無虛 是故 如來說一切法 皆是佛法
무허 시고 여래설일체법 개시불법

須菩提 所言一切法者 卽非一切法 是
수보리 소언일체법자 즉비일체법 시

故 名一切法 須菩提 譬如人身長大
고 명일체법 수보리 비여인신장대

須菩提言 世尊 如來說人身長大 卽爲
수보리언 세존 여래설인신장대 즉위

非大身 是名大身 須菩提 菩薩 亦如
비대신 시명대신 수보리 보살 역여

是 若作是言 我當滅度 無量衆生 卽
시 약작시언 아당멸도 무량중생 즉

不名菩薩 何以故 須菩提 實無有法
불명보살 하이고 수보리 실무유법

名爲菩薩 是故 佛說一切法 無我 無
명위보살 시고 불설일체법 무아 무

人 無衆生 無壽者 須菩提 若菩薩 作
인 무중생 무수자 수보리 약보살 작

是言 我當莊嚴佛土 是不名菩薩 何以
시언 아당장엄불토 시불명보살 하이

故 如來說 莊嚴佛土者 卽非莊嚴 是
고 여래설 장엄불토자 즉비장엄 시

名莊嚴 須菩提 若菩薩 通達無我法者
명장엄 수보리 약보살 통달무아법자

如來說 名眞是菩薩
여래설 명진시보살

一體同觀分 第十八

須菩提 於意云何 如來有肉眼不 如是
수보리 어의운하 여래유육안부 여시

世尊 如來有肉眼 須菩提 於意云何
세존 여래유육안 수보리 어의운하

如來有天眼不 如是 世尊 如來有天眼
여래유천안부 여시 세존 여래유천안

須菩提 於意云何 如來有慧眼不 如是
수보리 어의운하 여래유혜안부 여시

世尊 如來有慧眼 須菩提 於意云何
세존 여래유혜안 수보리 어의운하

如來有法眼不 如是 世尊 如來有法眼
여래유법안부 여시 세존 여래유법안

須菩提 於意云何 如來有佛眼不 如是
수보리 어의운하 여래유불안부 여시

世尊 如來有佛眼 須菩提 於意云何
세존 여래유불안 수보리 어의운하

如恒河中所有沙 佛說是沙不 如是 世
여항하중소유사 불설시사부 여시 세

尊 如來說是沙 須菩提 於意云何 如
존 여래설시사 수보리 어의운하 여

一恒河中所有沙 有如是沙等恒河 是
일항하중소유사 유여시사등항하 시

諸恒河所有沙數 佛世界如是 寧爲多
제항하소유사수 불세계여시 영위다

不 甚多 世尊 佛告 須菩提 爾所國土
부 심다 세존 불고 수보리 이소국토

中 所有眾生 若干種心 如來悉知 何
중 소유중생 약간종심 여래실지 하

以故 如來說諸心 皆爲非心 是名爲心
이고 여래설제심 개위비심 시명위심

所以者何　須菩提　過去心　不可得　現
소이자하 수보리 과거심 불가득 현

在心　不可得　未來心　不可得
재심 불가득 미래심 불가득

法界通化分 第十九

須菩提　於意云何　若有人　滿三千大千
수보리 어의운하 약유인 만삼천대천

世界七寶　以用布施　是人　以是因緣
세계칠보 이용보시 시인 이시인연

得福多不　如是　世尊　此人　以是因緣
득복다부 여시 세존 차인 이시인연

得福甚多　須菩提　若福德　有實如來
득복심다 수보리 약복덕 유실여래

不說得福德多　以福德無故　如來說
불설득복덕다 이복덕무고 여래설

得福德多
득복덕다

離色離相分 第二十

須菩提　於意云何　佛可以　具足色身見
수보리 어의운하 불가이 구족색신견

不 不也 世尊 如來不應以 具足色身見
부 불야 세존 여래불응이 구족색신견

何以故 如來說 具足色身 卽非具足色
하이고 여래설 구족색신 즉비구족색

身 是名具足色身 須菩提 於意云何
신 시명구족색신 수보리 어의운하

如來可以 具足諸相見不 不也 世尊
여래가이 구족제상견부 불야 세존

如來不應以 具足諸相見 何以故 如來
여래불응이 구족제상견 하이고 여래

說 諸相具足 卽非具足 是名諸相具足
설 제상구족 즉비구족 시명제상구족

非說所說分 第二十一

須菩提 汝勿謂 如來作是念 我當有所
수보리 여물위 여래작시념 아당유소

說法 莫作是念 何以故 若人言 如來
설법 막작시념 하이고 약인언 여래

有所說法 卽爲謗佛 不能解我所說故
유소설법 즉위방불 불능해아소설고

須菩提 說法者 無法可說 是名說法
수보리 설법자 무법가설 시명설법

爾時　慧命須菩提　白佛言　世尊　頗有
이시　혜명수보리　백불언　세존　파유

衆生　於未來世　聞說是法　生信心不
중생　어미래세　문설시법　생신심부

佛言　須菩提　彼非衆生　非不衆生　何
불언　수보리　피비중생　비불중생　하

以故　須菩提　衆生衆生者　如來說非衆
이고　수보리　중생중생자　여래설비중

生　是名衆生
생　시명중생

無法可得分 第二十二

須菩提　白佛言　世尊　佛得阿耨多羅三
수보리　백불언　세존　불득아뇩다라삼

藐三菩提　爲無所得耶　佛言　如是如是
막삼보리　위무소득야　불언　여시여시

須菩提　我於阿耨多羅三藐三菩提　乃
수보리　아어아뇩다라삼막삼보리　내

至無有　少法可得　是名阿耨多羅三藐
지무유　소법가득　시명아뇩다라삼막

三菩提
삼보리

淨心行善分 第二十三

復次 須菩提 是法 平等 無有高下 是
부차 수보리 시법 평등 무유고하 시

名 阿耨多羅三藐三菩提 以無我 無人
명아뇩다라삼먁삼보리 이무아 무인

無衆生 無壽者 修一切善法 卽得阿耨
무중생 무수자 수일체선법 즉득아뇩

多羅三藐三菩提 須菩提 所言善法者
다라삼먁삼보리 수보리 소언선법자

如來說 卽非善法 是名善法
여래설 즉비선법 시명선법

福智無比分 第二十四

須菩提 若三千大千世界中 所有諸須
수보리 약삼천대천세계중 소유제수

彌山王 如是等七寶聚 有人 持用布施
미산왕 여시등칠보취 유인 지용보시

若人 以此般若波羅蜜經 乃至四句偈
약인 이차반야바라밀경 내지사구게

等 受持讀誦 爲他人說 於前福德 百
등 수지독송 위타인설 어전복덕 백

分 不及一 百千萬億分 乃至算數譬
분 불급일 백천만억분 내지산수비

喻 所不能及
유 소불능급

化無所化分 第二十五

須菩提 於意云何 汝等 勿謂如來作是
수보리 어의운하 여등 물위여래작시

念 我當度衆生 須菩提 莫作是念 何
념 아당도중생 수보리 막작시념 하

以故 實無有衆生 如來度者 若有衆生
이고 실무유중생 여래도자 약유중생

如來度者 如來卽 有我人衆生壽者
여래도자 여래즉 유아인중생수자

須菩提 如來說 有我者 卽非有我而
수보리 여래설 유아자 즉비유아이

凡夫之人 以爲有我 須菩提 凡夫者
범부지인 이위유아 수보리 범부자

如來說 卽非凡夫 是名凡夫
여래설 즉비범부 시명범부

法身非相分 第二十六

須菩提 於意云何 可以三十二相 觀如
수보리 어의운하 가이삼십이상 관여

來不 須菩提言 如是如是 以三十二相
래부 수보리언 여시여시 이삼십이상

觀如來 佛言 須菩提 若以三十二相
관여래 불언 수보리 약이삼십이상

觀如來者 轉輪聖王 卽是如來 須菩提
관여래자 전륜성왕 즉시여래 수보리

白佛言 世尊 如我解佛所說義 不應以
백불언 세존 여아해불소설의 불응이

三十二相 觀如來 爾時 世尊 而說偈
삼십이상 관여래 이시 세존 이설게

言 若以色見我 以音聲求我 是人行
언 약이색견아 이음성구아 시인행

邪道 不能見如來
사도 불능견여래

無斷無滅分 第二十七

須菩提 汝若作是念 如來不以 具足相
수보리 여약작시념 여래불이 구족상

故 得阿耨多羅三藐三菩提 須菩提 莫
고 득아뇩다라삼먁삼보리 수보리 막

作是念 如來不以 具足相故 得阿耨多
작시념 여래불이 구족상고 득아뇩다

羅三藐三菩提 須菩提 汝若作是念 發
라삼먁삼보리 수보리 여약작시념 발

阿耨多羅三藐三菩提心者 說諸法斷
아뇩다라삼먁삼보리심자 설제법단

滅 莫作是念 何以故 發阿耨多羅三藐
멸 막작시념 하이고 발아뇩다라삼먁

三菩提心者 於法 不說斷滅相
삼보리심자 어법 불설단멸상

不受不貪分 第二十八

須菩提 若菩薩 以滿恒河沙等 世界七
수보리 약보살 이만항하사등 세계칠

寶 持用布施 若復有人 知一切法無我
보 지용보시 약부유인 지일체법무아

得成於忍 此菩薩 勝前菩薩 所得功德
득성어인 차보살 승전보살 소득공덕

何以故 須菩提 以諸菩薩 不受福德故
하이고 수보리 이제보살 불수복덕고

須菩提 白佛言 世尊 云何菩薩 不受
수보리 백불언 세존 운하보살 불수

福德 須菩提 菩薩 所作福德 不應貪
복덕 수보리 보살 소작복덕 불응탐

着 是故說 不受福德
착 시고설 불수복덕

威儀寂靜分 第二十九

須菩提 若有人言 如來 若來若去 若
수보리 약유인언 여래 약래약거 약

坐若臥 是人 不解我所說義 何以故
좌약와 시인 불해아소설의 하이고

如來者 無所從來 亦無所去 故名如來
여래자 무소종래 역무소거 고명여래

一合理相分 第三十

須菩提 若善男子善女人 以三千大千
수보리 약선남자선여인 이삼천대천

世界 碎爲微塵 於意云何 是微塵衆
세계 쇄위미진 어의운하 시미진중

寧爲多不 須菩提言 甚多 世尊 何以
영위다부 수보리언 심다 세존 하이

故 若是微塵衆 實有者 佛卽不說 是
고 약시미진중 실유자 불즉불설 시

微塵衆 所以者何 佛說微塵衆 卽非微
미진중 소이자하 불설미진중 즉비미

塵衆 是名微塵衆 世尊 如來所說 三
진중 시명미진중 세존 여래소설 삼

千大千世界 卽非世界 是名世界 何以
천대천세계 즉비세계 시명세계 하이

故 若世界 實有者 卽是一合相 如來
고 약세계 실유자 즉시일합상 여래

說一合相 卽非一合相 是名一合相
설일합상 즉비일합상 시명일합상

須菩提 一合相者 卽是不可說 但凡夫
수보리 일합상자 즉시불가설 단범부

之人 貪着其事
지인 탐착기사

知見不生分 第三十一

須菩提 若人言 佛說 我見 人見 衆生
수보리 약인언 불설 아견 인견 중생

見 壽者見 須菩提 於意云何 是人 解
견 수자견 수보리 어의운하 시인 해

我所說義不 不也 世尊 是人不解 如來
아소설의부 불야 세존 시인불해 여래

所說義 何以故 世尊 說我見 人見 衆
소설의 하이고 세존 설아견 인견 중

生見 壽者見 卽非我見 人見 衆生見
생견 수자견 즉비아견 인견 중생견

壽者見 是名我見 人見 衆生見 壽者
수자견 시명아견 인견 중생견 수자

見 須菩提 發阿耨多羅三藐三菩提心
견 수보리 발아뇩다라삼먁삼보리심

者 於一切法 應如是知 如是見 如是
자 어일체법 응여시지 여시견 여시

信解 不生法相 須菩提 所言法相者
신해 불생법상 수보리 소언법상자

如來說 卽非法相 是名法相
여래설 즉비법상 시명법상

應化非眞分 第三十二

須菩提 若有人 以滿無量 阿僧祇世界
수보리 약유인 이만무량 아승지세계

七寶 持用布施 若有善男子善女人 發
칠보 지용보시 약유선남자선여인 발

菩薩心者 持於此經 乃至四句偈等
보살심자 지어차경 내지사구게등

受持讀誦 爲人演說 其福勝彼 云何爲
수지독송 위인연설 기복승피 운하위

人演說 不取於相 如如不動 何以故
인연설 불취어상 여여부동 하이고

一切有爲法 如夢幻泡影 如露亦如電
일체유위법 여몽환포영 여로역여전

應作如是觀 佛說是經已 長老須菩提
응작여시관 불설시경이 장로수보리

及諸比丘比丘尼 優婆塞優婆夷 一切
급제비구비구니 우바새우바이 일체

世間天人阿修羅 聞佛所說 皆大歡
세간천인아수라 문불소설 개대환

喜 信受奉行
희 신수봉행

摩訶般若波羅蜜
마하반야바라밀

金剛般若波羅蜜經

한글(뜻풀이) & 한문 금강경 독송

—
2013년 8월 20일 소판1쇄 인쇄
2023년 9월 30일 개정1쇄 발행

—
편저   無一 우학 스님

—
펴낸곳   도서출판 좋은인연 (한국불교대학 부속출판사)
          등록 / 제4-88호
          주소 / 대구시 남구 중앙대로 126
          전화 / 053-475-3707

—
ISBN   **978-89-93040-52-4(03220)**
가격   **6,000**원

          도서출판 좋은인연에서는 해외포교를 위하여
          영어번역 봉사하실 분을 모집합니다.
          잘못된 책은 교환해 드립니다.

—
홈페이지 / **한국불교대학**
다음카페 / **불교인드라망**
유튜브 / **유튜브불교대학, 비유디**